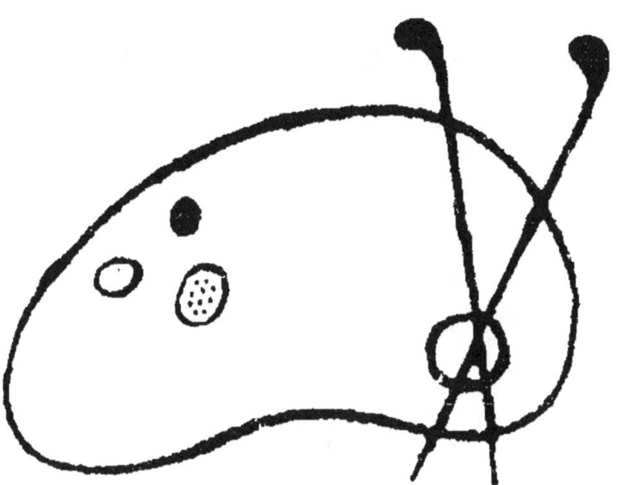

Début d'une série de documents
en couleur

DEUX

CORRESPONDANTS LIMOUSINS

DE BALUZE

LETTRES INÉDITES DE PRADILHON DE SAINTE-ANNE ET DE M. DU VERDIER

(1692-1695)

PAR

ÉMILE DU BOYS

MEMBRE DE LA SOCIÉTÉ ARCHÉOLOGIQUE ET HISTORIQUE DU LIMOUSIN

LIMOGES

IMPRIMERIE-LIBRAIRIE LIMOUSINE

Vᵉ H. DUCOURTIEUX

Libraire de la Société archéologique et de la Société Gay-Lussac

7, RUE DES ARÈNES, 7

—

1889

OUVRAGES DU MÊME AUTEUR

Un magistrat érudit du XVIᵉ siècle. Siméon Du Bois (1536-1581). Lettres inédites, publiées et annotées par Émile Du Boys, avec notice biographique par Auguste Du Boys. — *Chartres, imp. Durand*, 1889, in-8° de 40 p.

Les poètes limousins jugés par Baluze. Lettre inédite à François d'Aguesseau, âgé de quatorze ans (1682), publiée par Emile Du Boys. — *Limoges, Vᵉ H. Ducourtieux*, 1889, in-8° de 8 p.

Les correspondants de l'abbé Nicaise. I. Un diplomate érudit du XVIIᵉ siècle. Ezéchiel Spanheim. Lettres inédites (1681-1701), publiées avec avertissement et notes par Émile Du Boys. — *Paris, A. Picard*, 1889, in-8° de 80 p.

Un Bourguignon et un Orléanais érudits au XVIIᵉ siècle. Lettres inédites de B. de La Monnoye à Nicolas Thoynard, de 1679 à 1697, publiées et annotées par Émile Du Boys. — *Paris, L. Techener*, 1890, in-8° de 43 p.

Limoges, imp. Vᵉ H. Ducourtieux, rue des Arènes.

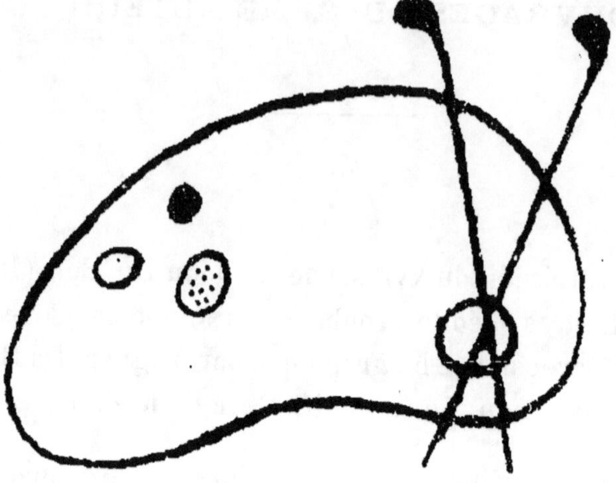

Fin d'une série de documents
en couleur

À Monsieur Delisle
Membre de l'Institut
très-respectueux hommage
Émile Du Boys

DEUX

CORRESPONDANTS LIMOUSINS

DE BALUZE

CORRESPONDANTS LIMOUSINS

DE BALUZE

LETTRES INÉDITES DE PRADILHON DE SAINTE-ANNE ET DE M. DU VERDIER

(1692-1695)

PAR

ÉMILE DU BOYS

MEMBRE DE LA SOCIÉTÉ ARCHÉOLOGIQUE ET HISTORIQUE DU LIMOUSIN

LIMOGES

IMPRIMERIE ET LIBRAIRIE LIMOUSINE

Vᵉ H. DUCOURTIEUX

Libraire de la Société archéologique et historique du Limousin

7, RUE DES ARÈNES, 7

—

1890

CORRESPONDANTS LIMOUSINS DE BALUZE

Lettres inédites de Pradilhon de Sainte-Anne et de M. du Verdier

(1692-1695)

Parmi les innombrables correspondants de notre célèbre compatriote, nous choisissons aujourd'hui (soin et objet doublement chers à notre cœur) deux enfants du Limousin, intéressants à des titres divers, quoique le nom du second n'ait guère franchi les limites de sa province : nous voulons parler du religieux feuillant Pradilhon de Sainte-Anne, qui eut, au XVIIe siècle, un certain renom comme généalogiste, et contribua beaucoup aux recherches et aux travaux de d'Hozier, — et de M. du Verdier, neveu de Baluze, conseiller au présidial de Tulle.

Le second volume de la *Biographie limousine*, contenant la lettre P, n'ayant pas paru, et, selon toute probabilité, n'étant pas près de paraître ; d'autre part, la *Nouvelle biographie générale* ayant refusé toute mention à Pradilhon, nous croyons devoir reproduire ici le court mais précis article que lui a consacré le vénérable *Moreri* (édition de 1759), où l'on trouve tant de choses qu'on chercherait vainement ailleurs :

« PRADILLON (1) *(dom Jean)*, religieux feuillant, étoit d'Esmoutiers en Limosin. Il entra jeune dans la congrégation des Feuillants, où son mérite l'éleva aux premières charges. Il fut quatre

---

(1) Moréri écrit Pradillon, mais nous allons voir par la signature *autographe* de Pradilhon que son nom doit être écrit avec un *h*.

fois général de sa congrégation. Il avoit de grands talens pour le gouvernement monastique, et il étoit fort versé dans notre histoire et dans la connoissance des généalogies. Nous ne connoissons que deux ouvrages de lui, le premier intitulé : *Praxis juris Fuliensis;* le second, en françois, sous ce titre : *La conduite de dom Jean de La Barrière, abbé et instituteur des Feuillans, durant les troubles de la Ligue, sous Henri III.* — A Paris, 1689, in-12. — Cet ouvrage contient une critique de ce qu'a écrit sur ce sujet Jean Le Laboureur dans ses additions aux mémoires de Castelnau. Dom Pradillon est mort à Paris le 25 septembre 1701, âgé de soixante et un ans. Ses confrères ont honoré son tombeau d'une épitaphe, que M. Piganiol de la Force a rapportée dans sa *Description de Paris,* tome II, pages 383, 384 » (MORÉRI, édit. de 1759) (1).

Le second correspondant est Charles-Antoine Melou du Verdier, conseiller au présidial de Tulle, qui fut pourvu, en 1701 ou 1702, nous apprend notre confrère, M. René Fage, dans l'intéressante introduction des *Lettres inédites de Baluze à M. du Verdier,* publiées dans le *Bulletin de la Société des Lettres, Sciences et Arts de la Corrèze* (4e livraison de 1882 et année 1883), d'une charge de receveur des tailles à Nevers et mourut le 18 décembre 1725. Parent déjà de Baluze, M. du Verdier épousa, en 1683, après une vive opposition de l'évêque de Tulle, Mgr Humbert Ancelin, une fille du frère de Baluze, Mlle Perrine Baluze. M. Fage, dans son introduction aux cent treize lettres par lui publiées, a mis en relief, avec de nombreux détails, les relations de Baluze avec sa famille et spécialement avec M. du Verdier. Les lettres de Baluze, publiées par M. Fage, et dont les originaux font partie d'une collection particulière, vont de l'année 1682 au 6 novembre 1700.

Celles des deux correspondants du savant diplomatiste, toutes autographes, que nous offrons aujourd'hui à notre Société, ne sont malheureusement pas nombreuses, mais il faut considérer qu'elles se rapportent à un espace de temps peu étendu, *trois* ans (1692-1695). Deux de ces lettres, celles extraites du volume 208

(1) En corrigeant nos épreuves, notons que notre savant président, M. l'abbé Arbellot, a lu à la *Société archéologique du Limousin* une notice sur Pradilhon, dans la séance même où notre travail était par lui présenté à notre Société.

des *Armoires*, nous ont été signalées par notre savant confrère, M. Clément-Simon, que nous prions d'accepter tous nos remerciements.

Les lettres de Pradilhon, au nombre de sept, nous donnent les résultats des actives et patientes recherches d'un généalogiste et d'un chercheur infatigable. Elles contiennent de nombreux et précieux renseignements sur de grandes familles du Limousin et leurs terres, lesquels ont le rare mérite d'émaner d'un homme digne de foi, « fort versé, rappelons le mot de Moréri, dans notre histoire et dans la connoissance des généalogies », et d'être basées sur des documents authentiques qu'il serait assez difficile, sinon impossible, pour la plupart, de retrouver aujourd'hui. Nous voyons successivement passer sous nos yeux les grands noms, connus et honorés dans les annales du Limousin, des d'Albert ou Aubert, de La Jugie, Lagarde de Trenchelion, de Chanac, etc., etc. Nos lettres, nous avons la prétention de le croire, apporteront une forte contribution à l'établissement de la généalogie des plus grands noms de notre pays, et serviront à combler bien des lacunes et à rectifier bien des erreurs pouvant s'être glissées dans les ouvrages des généalogistes limousins ou autres, notamment le *Nobiliaire* de Nadaud. Nous laissons le soin de ces rapprochements et de ces rectifications à ceux de nos confrères plus versés que nous dans les généalogies limousines.

Faisons seulement quelques petites remarques. Il est intéressant de lire (lettre II) l'appréciation de Pradilhon sur l'ouvrage du P. Bonaventure de Saint-Amable, *Histoire de Saint Martial*, « où il y a beaucoup de simplicité et peu de jugement, mais d'assez bonnes matières pour l'histoire du pays, sans que l'auteur cite d'où il les a puisées. »

Relevons (lettre V) des *lettres* du chancelier Duprat, signalées par Pradilhon dans les papiers de la famille de l'Estang, dont deux membres furent évêques de Carcassonne, l'un, Christophe de l'Estang, du 24 septembre 1603 au 11 août 1621, et l'autre, Vital de l'Estang, du 11 août 1621 au 28 septembre 1652 (*Annuaire de la Société de l'histoire de France pour l'année* 1848, p. 138, nᵒˢ 73 et 74).

Les lettres de du Verdier ne se rapportent qu'aux deux années 1694 et 1695. Elles traitent, comme celles de Pradilhon, surtout de généalogies. A côté des questions ardues s'y rattachant, on aime à y retrouver ces doux épanchements de famille, ces entretiens si pleins de cordialité qui font le charme de la correspondance publiée par M. Fage. Nous voyons souvent reparaître, sous la plume du correspondant de Baluze, cette intéressante figure de *Mimi,* l'enfant de du Verdier, dont Baluze fut le parrain et dont on a soin de lui donner des nouvelles avec une scrupuleuse attention. On aime encore à retrouver dans nos lettres ces souvenirs charmants à l'adresse de la famille du financier Villault, avec laquelle Baluze avait mis du Verdier en relations étroites. On ne peut s'empêcher de sourire à ce passage de la lettre première du neveu de Baluze : « .... Je me sers de cette occasion pour vous envoyer une coeffure que j'ai faite faire icy pour présenter à Madame Villault ou quoy que ce soit à Mlles ses filles : ce qui m'embarrasse, c'est qu'il n'y en a qu'une, et, comme elles sont deux, il en faudroit une autre ; mais outre que je n'ai pas pu en faire faire une autre à faute de fil et d'ouvrière, c'est que je suis bien ayse de sçavoir plutost si elle est à leur gré, etc.... »

Enfin, disons en terminant que les lettres de nos deux correspondants de Baluze ont entre elles une certaine connexion basée sur le lien commun et l'identité des sujets traités. Pradilhon cite à l'envi du Verdier, qui, de son côté, mentionne et rappelle plusieurs fois le nom du savant feuillant.

LETTRES DE PRADILHON.

I. — PRADILHON A BALUZE (1).

MONSIEUR,

Pour satisfaire aux demandes de vostre lettre du 5 de ce mois, j'auray l'honeur de vous dire qu'il n'y a dans Glandier aucun vestige de l'enterrement de pere et mere du cardinal Audoyn Albert, ni aucun memoire de cela dans les titres et obituaires de cette maison, j'ay vu des mémoires qui nomment *Guy Albert et Marguerite de Livron* (2) pere et mere de ce cardinal, mais je ne suis garand que de ce que j'ay extrait moy mesme sur les titres qui ont passé par mes mains : le voicy Monsieur et je vous le donne avec plaisir, en ayant beaucoup d'obliger une personne de vostre merite, et qui travaille si utilement pour le public. Je fais des recherches pour servir à la genealogie des maisons nobles de cette province et voicy ce que j'ay d'Albert. Cette famille est sortie d'un lieu *nommé le Mont, paroisse de Beissac* dans la terre de Pompadour (3). Il y a à Glandier des actes d'un *Stephanus Alberti de Pompadorio clericus uxoratus en* 1265 *et* 1273. Il est a presumer que c'est l'ayeul du pape; en 1305, *Ademarus Alberti de Pompador*; celuy la peut estre le pere du pape, mais l'un et l'autre n'est que conjecture, sans preuve.

En 1331, *Guido Alberti* agit comme procureur *dni Stephani Alberti fratris sui legum doctoris.* Voila donc *Guy* frere du pape, et pere d'Audoin et autres freres. J'ay vu des actes d'un *Guy Albert*

(1) *Armoires*, vol. 211, fol. 66. L'adresse manque.

(2) Au sujet de la famille *de Livron*, qui existe encore en Limousin, une note de la page 336 du tome II de l'*Histoire du Bas-Limousin*, par Marvaud, est ainsi conçue : « La maison *de Livron*, originaire de la Champagne, se fixa en Limousin dans les premières années du xiv⁰ siècle. Elie de Livron prenait le titre de seigneur d'Ayen et d'Objat en 1341. Son fils épousa, en 1362, Marie, fille du seigneur de Saint-Exupéri. Antoine de Livron hérita de sa mère, Marie de Pompadour, de la seigneurie de la Rivière, et épousa Marguerite de Noailles vers l'an 1413. » (ROSIER, généalogie de cette maison.)

Voir ce que dit Pradilhon, lettre III, sur l'origine de cette famille.

(3) Voy. ce que nous disons plus loin (lettre IV), de la terre de *Pompadour.*

en 1328 qui prend la qualité de *domicellus* et je crois bien que c'est le frere du pape, par lequel on doit commencer la généalogie. Je trouve que ce Guy est pere d'Audouyn Arnaud et G. Dans un contract par lequel Audoin, evesque de Maguelone (1) et Arnaud son frère, doyen de Saint-Yrieix, enfans de Guy Albert, chevalier, acquierent des seigneurs de Pompadour, en 1352, la seigneurie et justice du lieu de Mont pour les enfans de leur defunc frere G., il est à remarquer que ce G. est nommé Galterus dans cet acte, et mesme dans les autheurs qui parlent de luy, cependant je suis persuadé que c'est une faute et qu'il s'appeloit Guy comme son pere ; je n'ay point vu l'original de ceste vente, mais seulement une copie qui met Galterus tout du long. J'ai vu un contrat original dans lequel *Hugo Alberti electus et confirmatus Albiensis* traite par procureur pour un certain bien avec *Contoria Cotheti relicta Guidonis Alberti junioris militis*, que je crois estre ce mesme G. pere du cardinal Audoyn et dont les enfans sont *Petrus, Hugo, Guillelmus, Stephanus, Guido et Galiena,* nommés dans le contrat d'acquisition des seigneurs de Pompadour, de 1352. (Vous conessés de ceux la *Hugues, evesque d'Alby* et *Estienne* cardinal, je trouve que Guillaume continua la famille), Guy acheta la baronie de Peyrat en Limosin, de la maison de Rochechouart-Mortemar en 1364, et fust seigneur de Bulbon du costé d'Avignon ; on dit que ses enfans moururent sans suite. Guillaume Albert fust seigneur de Monteil le Degelat, la Roche-labeille (2), Bré, Murat et autres terres, on luy donne pour espouse *Isabel de Rochechouart*, dont je n'ay pas vu la preuve. Il fust pere d'Estienne Albert, seigneur des terres susdites et de

(1) *L'Annuaire de la Société de l'Histoire de France* pour l'année 1848 mentionne parmi les évêques de *Maguelone* (ensuite Montpellier), p. 134, 37, *Arnaud II de Verdale*, 20 avril 1339 ; 23 déc. 1352 ; 38, *Audoin Aubert*, 25 déc. 1352 ; 15 février 1353.

(2) La Roche-l'Abeille, à 30 kilomètres de Limoges, arrondissement de Saint-Yrieix. Ce village est célèbre, on le sait, par la bataille qui y fut livrée le 24 juin 1569, entre l'armée royale commandée par le duc d'Anjou, et celle des protestants commandée par Coligny, et dans les rangs de laquelle faisait ce jour-là ses premières armes, Henri de Bourbon, depuis Henri IV.

Il faut voir au sujet du combat de La Roche-l'Abeille, un mémoire très complet de M. d'Hennin, alors capitaine au 5e régiment de hussards, inséré dans le tome V du *Bulletin* de notre Société, mémoire intitulé : *Aperçu sur les opérations de la campagne de 1569, dans la Saintonge, le Périgord et le Limousin par les armées catholiques et protestantes, et plus particulièrement sur le combat de La Roche-l'Abeille* (Hte-Vienne).

Rochedagoux, qui eust pour femme Marie de Chaslut, dont vint Gilbert Albert, qui espousa Catherine de Chazeron ; ils eurent pour fils Jacques Albert, qui testa en 1445 et mourut sans enfans, partageant ses biens entre Catherine de Chazeron, sa mere, et sa femme Antoinette de la Tour, fille d'Agne de la Tour, baron d'Oliergue et d'Alix de Vendat. Cette Antoinette se remaria avec Jacques de Bourbon, seigneur d'Aubigny et de Carency. Voila, Monsieur, ce que j'ay des Albert par actes, je puis aussy vous fournir la fondation que fist dans son eglise Arnaud Albert, archevesque d'Auch, frere du cardinal Audoin de dix chapelenies sous le nom de Saint-Martial, l'acte est fort long et beau, avec ceste clause : *volumus quod de patria nostra Lemovicensi tales clerici instituantur et cæteris paribus aliis preferantur* ; on m'a dit que ces chapelenies vallent à present 500 " de revenu, et sont à la collation de l'archevesque. Si par hasard, Monsieur, vous avés quelque conoissance d'un *Thomas Albert* qui mourut gouverneur du Pont-Saint-Esprit environ l'an 1454, et de qui il peut estre fils, faites moy la grace de m'en informer. Je vous offre tres volontiers tous mes memoires des familles ou vous travaillerés, je n'ay rien de celles de Monterue.

Je suis avec respect, Monsieur, votre très humble et très obeissant serviteur.

F. Jean-Baptiste Pradilhon,
Religieux feuillent.

A Limoges, le 16 janvier 1692.

II. — Pradilhon a Baluze. Sans date (1).

Monsieur,

J'estois à la campagne lorsque la lettre que vous m'avés fait l'honeur de m'escrire du 29 janvier est arrivée icy, et je ne suis revenu que depuis peu de jours.

Comme il est certain que le frere du pape Innocent (3) s'appel-

(1) Bien que cette lettre ne soit pas datée, nous la plaçons ici parce que son contenu se rapporte immédiatement au sujet de la lettre I. Elle répond, on le voit par les premières lignes, à une lettre de Baluze du 29 janvier, laquelle répondait elle-même à notre lettre I du 16 janvier 1692 au sujet des d'*Albert*. Notre lettre II doit donc selon toute vraisemblance, être placée entre février et la date du 12 mars que porte la lettre III.

(2) *Armoires*, lettre 2°, fol. 41.

(3) Innocent VI, pape le 18 décembre 1352, mort en 1362.

lait Guy Alber: et qu'il estoit pere d'Audoyn et d'Arnaud, si vous avez preuve que Marguerite de Livron estoit sa femme, cette filiation sera bien prouvée. La vente faite, en 1352, par les seigneurs de Pompadour à Audoyn et Arnaud Albert nomme leur pere Guy, leur frere Gautier et les enfans de leur frere comme je vous lay mandé.

Il y a un acte du 7 juin 1331 par lequel noble Pierre Brun, chevalier, faisant pour noble Gaucelin de Pierrebufffière, vend certains cens et rentes, *Guidoni Alberti parochiano de Beissaco ut procuratori discreti viri dni Stephani Alberti legum doctoris fratris dicti Guidonis.* Voilà les qualités qu'ils prennent en cet acte.

Vous avés sans doute plusieurs actes qui vous marquent les différents estats d'Estienne Albert; celuy que je viens de marquer y servira et en voici encore deux autres :

Helias Folcaudi domicellus et Bergia de sancto Roberto ejus uxor... vendiderunt dno Bosoni de Turre capellano sancti Petri de Fursaco ut procuratori dni Stephani cardinalis Claromontensis septem libras renduales... die lune post festum sancti Johannis Baptistæ 1342.

Anno 1361 die penultima Martii nobilis vir Hugo de Castris domicellus diœc. lem. vendidit venerabili et discreto viro dno Petro Lasteyria decretorum doctori ut procuratori ss^{ml} patris Innocentii papæ VI quindecim sextaria siliginis et triginta solidos rend...

S'il est certain que le frere du cardinal Audoin s'appelloit Gautier, je me seray trompé dans ma conjecture, en voulant que ce soit le mesme qui est appelé *Guido Junior,* dans l'acte passé par Hugues Albert eslu d'Alby, et, en effet, je ne vois pas qui peut estre ce *Guy Junior,* car de dire que ce soit le frere du pape qui auroit esté marié en deuxième noces avec cette *Comtors Cothet* le temps n'y repugneroit pas, mai pourquoy l'appeler *Junior?* Cela ne peut aussy convenir à Guy neveu d'Audoin et qui est nommé entre les enfans de son frère, car nous savons que ce Guy a vescu longtemps, et fit testament le 8 septembre 1370, et laissa Hermesende, dame de Bulbon, près Avignon, sa veufve. Il faut donc s'il vous plaist scavoir certainement et d'original si Gautier est le veritable nom du frère d'Audoyn cardinal. Voicy l'extrait de l'acte :

Constitutis nobili Petro Bruschardi domicello condomino de Jumilhaco Petragorensis diœcesis ex una parte et R^{do} patre dno Hugone Alberti electo confirmato Albiensi tanquam privata persona; ipse nobis Petrus Bruschardi dixit quod habebat super hospitio dicto d'Albiarts quod quondam fuit Heliæ Cotheti domicelli et modo est nobilis dnæ Comtoriæ filiæ et hæredis dicti quondam Heliæ Cotheti et quæ fuit uxor dni Guidonis Alberti Junioris militis nuper de-

functi….. videlicet centum solidos renduales….. quos vendidit dicto domino Hugoni….. actum apud Villamnovam supra pontem Rhodani citra capellam sti Benedicti a parte Villanova…

Mon extrait n'a point de date, je ne scais si c'est par oubly ou qu'il n'y en eust pas dans l'acte, quoiqu'il en soit vous pouvés le suppléer a peu près à cause de la qualité que prend Hugues Albert, d'eslu et confirmé d'Alby, car il ne vous est pas difficile de trouver la date de sa consécration.

Comme j'ai beaucoup de mémoires de differentes familles de la province, jay sans doute plusieurs choses qui appartiennent à nos cardinaux, si j'en avois les généalogies entières, je vous les envoyerois volontiers, mais je n'ay encore que des parties informes, et pour vous ayder utilement il faudroit estre à Paris, car une conversation de demi-heure vaut mieux que cent lettres, mais je ne sais pas quand je pourray faire ce voyage. Cependant je continue à vous offrir ce qui dépend de moy, estant toujours avec respect, Monsieur, votre très humble et très obeissant serviteur.

F. Jean-Baptiste PRADILHON.

III. — PRADILHON A BALUZE (1).

MONSIEUR,

Il ne faut pas douter que Marguerite de Livron ne fust femme de Guy Albert frère du pape. Le temps auquel vivoit Comtor Cothet pourroit faire croire qu'elle seroit la deuxième femme du mesme *Guy*, si elle ne s'appeloit veufve de *Guy le jeune*. Ce qui détermine assés à croire que c'est un autre Guy frere de *Gautier* et d'*Audoyn* et dont nous ne conessons pas la suite.

Il est bien certain que la maison de Livron est issue du Limosin quoique M. d'Hozier, dans la généalogie de cette famille, la marque originaire du lieu de Livron en Dauphiné et transplantée en Limosin proche de leur terre *de Vart*. Le P. Carme dechaussé (2) rapporte cette généalogie dans son troisiesme tome de l'*Histoire de saint Martial*, page 527. J'en ai aussi beaucoup d'actes.

Depuis la dernière lettre que j'ay eu l'honeur de vous escrire, j'ay trouvé des actes d'un noble Estienne Albert, seigneur de

(1) *Armoires*, vol. 198, f° 39.

(2) Bonaventure de Saint-Amable, dont nous parlerons à la lettre suivante.

Brenil et de quelques villages dans la paroisse de La Meize, près La Rochelabeille, de l'an 1540 et environ. Comme la branche aisnée des Albert estoient seigneurs de La Rochelabeille par acquisition qu'en fist Guillaume, fils de Gautier, l'an 1557, il est à présumer qu'Estienne Albert vivant en 1540, dans ce voisinage, est issu de quelque cadet ; je tascheray d'en trouver quelque chose de plus. Guy Albert, seigneur du Bulbon, ayant eu Elzear et Jean, ses enfans, comtes de Lyon, on pourroit trouver là des nouvelles de la famille, supposé qu'en ce temps on fit exactement les preuves comme on les fait a presant.

J'oubliois de vous marquer que ce nouveau Estienne Albert, dont le testament est de l'an 1547, avoit espousé avant l'an 153*, Marie de Brie, fille de Jean, seigneur de Brie et de Jehanne d'Hautefort, laquelle Marie de Brie avoit espousé en premières nopces Antoine de La Garde, seigneur de Trenchelion. Vous scavés mieux que moy qu'il estoit de ces seigneurs de La Garde, près de Tulle et issu d'Aymeric de La Garde qui espousa l'heritiere de Trenchelion, l'an 1364, et qui estoit neveu d'Estienne de La Garde, archevesque d'Arles et cardinal. Je crois avoir de quoy fournir toute la descente de cet Aymeric jusques à l'extinction de la branche, qui arriva en 1574.

Je voudrois bien scavoir de quel pays estoit Guillaume de Champeaux, évesque de Laon qui, l'an 1423, baptiza le dauphin depuis roy Louis 11e et de quelle province il estoit, pour chercher quelque vestige d'une Petronilla ou Pauilla Champcella, femme de Thomas Albert, depuis l'an 1414 jusques en 1454.

Je suis toujours avec respect, Monsieur, votre très humble et très obeissant serviteur.

F. Jean-Baptiste Pradilhon.

A Limoges, le 12 mars 1692.

IV. — Pradilhon a Baluze (1).

Monsieur,

Je suis toujours disposé à satisfaire à vos demandes autant que je le pourray. Voicy donc les responses à votre dernière lettre.

J'ay acheté le livre du P. Bonaventure, carme dechaussé, il y

(1) *Armoires*, vol. 108, f° 15.

a trois volumes in-fol. (1), je vous donneray advis du jour que je
les fairay partir et de l'adresse pour les retirer, et de la personne à
qui il faudra donner 12 livres qu'ils coûtent ; ils sont en blanc (2),
afin que vous les fassiez relier a vostre facon (3), vous scaurés
bien juger de cet ouvrage, où il y a beaucoup de simplicité, et
peu de jugement, mais d'assès bonnes matières pour l'histoire
du pays sans que l'auteur cite d'où il les a puisées (4), le premier est tout pour l'apostolat de saint Martial contre M. de Lau-
noy et autres ; le deuxième est la Vie de saint Martial, où il a
mis plusieurs actes des fondations des églises et monasteres. Le
troisième est en forme d'annales de la province où il y a bien
des curiosités. S'il vous prend envie de voir ce livre en attendant
le vostre, vous le trouverés dans notre bibliotheque de Saint-
Bernard de Paris. C'est moy qui l'y ay mis.

La terre de Vart (5) est dans le Bas-Limosin ; je ne scaurois
vous dire precisement à qui elle appartient, vous le scaurés
mieux par Tulle, qui doit en estre assés proche.

La terre de Trenchelion (6) est pres de Pierrebuffiere, et le

(1) Rappelons que le premier volume parut à Clermont, en 1676, et les
deux autres à Limoges, en 1683 et 1685.

(2) *En blanc* ; nous dirions aujourd'hui *brochés.* Cette expression était
très employée au xviie siècle ; nous ne la voyons pas figurer dans ce sens
au *Dictionnaire* de Littré.

(3) On sait que Baluze, qui était un des bibliophiles les plus délicats de
son temps, comme l'a si bien fait remarquer M. Delisle (*Biblioth. de l'Ecole
des chartes*, t. XLIII, p. 253), donnait tous ses soins aux reliures qu'il faisait faire pour lui-même.

(4) Ce jugement d'un savant *limousin* sur l'ouvrage le plus important
d'un auteur non Limousin (Bonaventure de Saint-Amable était né à Bordeaux vers 1610), mais qui a acquis droit de cité en Limousin comme
nous allons le voir, est *intéressant à rapprocher* des autres jugements
sur l'*Histoire de Saint-Martial*, réunis avec tant de discernement
et de juste *modération* par votre savant président dans la notice qu'il a
consacrée à Bonaventure de Saint-Amable dans le *Bulletin* de notre
Société, t. XXV (1877). Puisque nous en avons l'occasion, répétons avec
M. l'abbé Arbellot que « le P. Bonaventure, quoique étranger par sa nais-
sance au Limousin, a conquis, par ses recherches et ses publications, le
droit d'être compté parmi les hommes illustres de notre province. En
rendant d'éminents services à notre histoire locale, il a bien mérité de sa
patrie d'adoption ».

(5) Dans la lettre précédente, Pradilhon nous dit cependant que la terre
de Vart était à la famille de Livron.

(6) Rappelons à propos des La Garde de Trenchelion qui s'y trouvent,
qu'il serait intéressant de consulter au sujet des maisons nobles ou des
Armoiries limousines, en général, un charmant petit manuscrit dépendant

chasteau est situé dans le fauxbourg de cette ville ; j'ay remarqué que les anciens seigneu.·s de Trenchelion se nommoint indifféremment *dns de Trancalec·ie,* ou *dns Castri inferioris de Petra Bufferia* (1). Cet usage estoit assés commun dans le XIIIe et XIVe siècle, j'en ay vu de mesme à Pompadour (2) et à Gimel (3), où

de la succession de M. Eugène Ardant, imprimeur-éditeur à Limoges. Ce recueil, que nous avons mentionné déjà dans notre étude sur Siméon Du Boys, *un magistrat érudit du XVIe siècle ; Siméon Du Boys,* lettres inédites publiées et anotées par Emile Du Boys, *Paris, Picard, 1889,* avec notice biographique par Auguste Du Boys, ce recueil, disons-nous, d'armoiries limousines a été écrit, dessiné et colorié par un Lamy, pharmacien à Limoges en 1655.

(1) Nous tenons à rappeler que « la famille qui portait le nom du château de Pierre-Buffière, était, suivant M. Allou, *Monuments de la Haute-Vienne,* Paris, 1821, p. 294, une des principales de la province, et disputoit aux seigneurs de Lastours le titre de *premier baron du Limousin.* » « Cette terre, continue M. Allou, devint à une époque déjà ancienne, une propriété de la maison de Sauvebœuf ; elle passa ensuite dans celle de Mirabeau, qui en jouissoit encore *à l'époque de la Révolution* ».

Nous avons souligné ces derniers mots, en voici la raison :

Le *Dictionnaire encyclopédique de l'Histoire de France,* par Ph. Le Bas, et, après lui, la *Nouvelle Biographie générale,* qui rapporte le fait, s'expriment ainsi au sujet d'un épisode de la jeunesse du *grand Mirabeau,* d'après ses *Mémoires,* publiés par Lucas de Montigny (*Nouv. Biographie générale,* t. XXXV, col. 632, note 3) : « Mon rude fils, écrivait [le père du grand orateur] au bailli de Mirabeau, est enfin en résidence bien appropriée à ses mérites ; j'ai voulu lui donner la dernière façon par l'éducation publique, et je l'ai mis chez l'abbé Choquard. Cet homme est roide et force les punitions dans le besoin..... » « Son père, ajoute la note, l'avait fait inscrire sous le nom de *Pierre Buffière,* afin qu'un nom habille de quelque lustre ne fût pas traîné sur les bancs d'une école de correction. » *(Mémoires de Mirabeau,* t. I, p. 276).

Il est intéressant, on le voit, de rapprocher ce nom de *collège* de la possession de la terre de Pierre-Buffière par les Mirabeau, car on le voit aussi, le marquis n'avait pas donné à son fils un nom d'emprunt absolument imaginaire.

(2) Le marquisat de Pompadour appartenait encore au XVIIe siècle au marquis d'Hautefort aujourd'hui arrondissement de Périgueux (Dordogne). Voy. le *Mémoire* de M. de Bernage, intendant, sur la Généralité de Limoges, publié et annoté par notre confrère M. Leroux, dans le *Bulletin* de notre Société, t. XXXII, 1885, p. 242.

Du Mémoire de M. de Bernage, nous possédons, à la suite d'Auguste Du Boys, une copie portant la date de 1700, que n'a pas connue M. Leroux, et qu'il faut joindre par conséquent aux neuf copies mentionnées par lui dans le préambule de la publication de ce mémoire, *loc. cit.,* p. 450.

(3) Au XVIIe siècle, la baronnie de Gimel, toujours d'après le *Mémoire*

des gentilshommes se disent *dns Castri inferioris de Pompadorio,
de Gimello.....* c'estoint des nobles, vassaus des grands seigneurs possesseurs du chasteau principal. Trenchelion a toujours
relevé du baron de Pierrebufflère ; M. Martin de La Bastide,
conseiller de Limoges, l'acheta de feu Mᵉ de Linars à qui il
appartenoit de son chef, et l'a donné en partage a un de ses cadets
qui en porte le nom et sert à l'armée dans la compagnie des
chevaux legers.

Vous m'obligerés de m'envoyer ce que vous avés de l'ancien
Trenchelion. Je vous envoye le nouveau de la famille de La Garde,
ils prennent indifféremment les deux noms dans leurs actes,
mais beaucoup plus celuy de La Garde ; je ne connais que cette
branche directe, il peut y avoir des collatéraux qui me sont
incognus, soyés seur que j'ay preuve de tous ces degrès, extraite
sur actes originaux ou en bonne forme, je ne vous l'envoye
point, car cela est long. Cependant, si vous en avés bonne envie,
je prendray mon temps pour le copier. J'en fairay de mesme
pour les Epitaphes des cardinaux de Chanac et d'Arfeuilhe, il me
semble que le P. carme les rapporte dans son deuxième tome.

J'avois confondu Estienne de La Garde, archevesque d'Arles,
avec Aymeric de La Garde, cardinal de Clement VI en 1342, si
je ne me trompe.

Je suis, Monsieur, vostre tres humble et tres obéissant serviteur.

F. Jean-Baptiste Pradilhon.

A Limoges, le 3 avril 1692.

Suit le tableau annoncé de Trenchelion :

TABLEAU GÉNÉALOGIQUE DE LA FAMILLE LA GARDE DE TRENCHELION.

Noble et puissant seigneur Bernard de La Garde, seigneur de Pelis-
sane Ozede, conseigneur de Mondragon, 1ᵉ espousa N.; 2ᵒ, en l'an 1342,
espousa Constance de Rialh, belle-mere de son fils cadet.

Estienne de La Garde, frère de Bernard, archevesque et prince d'Arles,
1362.

N. et P. *Aymeric de La Garde*, chevalier, espousa l'an 1364, *Marie de
Trenchelion*, fille et heritiere de Guillaume, seigneur de Trenchelion.

Jean de La Garde, cadet, espousa en 1362, Sicelette, fille de *Philippe
Astraud*, seigneur de *Veilheron* et de *Constance de Rialh*.

de M. de Bernage (édit. Leroux, *ibid.*, p. 237, n° 30), appartenait à MM. de
Lentillac (Lentillac, arrondissement de Figeac (Lot), près Saint-Céré).

Guillaume de La Garde, seigneur de Trenchelion.

Sa mere luy fit donation de tous ses biens du Limosin, l'an 1413, par acte passé à Avignon, du consentement *d'Aymeric* son mary.

Ce Guillaume espousa l'an 1420 *Yolande Fouchier*, fille de N. et P., seigneur de Sainte-Fortunade ; il vivoit encore en 1440.

Pierre, dont il y a des actes en 1410.

Pierre de La Garde, seigneur de Trenchelion en 1444, fit testament l'an 1500. Je n'ay pas trouvé le nom de sa femme ; il eût les enfans suivans :

Antoine de La Garde, seigneur de Trenchelion, espousa *Marie de Brie*, fille de Jehan, seigneur de Brie, et de Jehanne d'Autefort ; elle se dit veufve de luy en 1526.

N. et P. *Foucaud de La Garde*, seigneur de Trenchelion, estoit l'aisné. Mort sans alliance ; il testa en 1505.

Jean de La Garde, chanoine de Saint-Yrieix, 1382.

Antoine 2e de La Garde, seigneur de Trenchelion, Tourdonnet......, chevalier de l'ordre du Roy, gentilhomme de sa Chambre, lieutenant de la compagnie du duc de Guise et gouverneur de ce duché, espousa, en 1563, *Françoise d'Ailly*, fille d'Antoine d'Ailly, seigneur de Picqueny, vidame d'Amiens, et de Marguerite de Melun. Antoine testa en 1570 et sa femme en 1569 (1).

Haut et puissant seigneur *François de La Garde*, seigneur de Trenchelion, mort en 1575, avant son mariage, dont le contract estoit passé avec Jehanne de Pierrebuffière.

Jacques de La Garde, prevost de Sainte-Croix de Pierrebuffière en 1556.

Charles de La Garde, mort sans alliance.

Jehanne de La Garde, heritiere de Trenchelion, par la mort de ses freres, avoit espousé auparavant François de Montroux, gentilhomme de la maison du Roy.

Françoise de La Garde espousa François *de Boulinars*, gentilhomme de la maison du Roy.

V. — Pradilhon a Baluze (2).

A Limoges, le 19 juin 1692.

Monsieur,

J'ay esté long temps sans me donner l'honeur de vous escrire, à cause d'une attaque de goutes qui m'a tenu près de deux mois ; je vais revoir vos lettres et respondre aux articles qu'elles contiennent.

(1) Voy. *Antoine de La Garde de Tranchelyon, gouverneur de Guise* [† 1570], *et Françoise d'Ailly* [† 1569] ; *leur pierre tombale en l'église de Guise* [lettre de ce gouverneur au duc de Guise], dans le t. VIII (1881), p. 48, de la *Thierache, Bulletin de la Société archéologique de Vervins* (Aisne), par M. Léandre Papillon.

(2) *Armoires*, vol. 198, fo 43.

Lorsque mes pieds seront plus affermis, je verray les tombeaux des cardinaux de Chanac et d'Argfeuille (1).

Je vous envoye l'extrait des preuves de la genealogie de Lagarde-Trenchelion. J'ay bien plusieurs actes sur chasque degré, mais je crois que ceux-là suffisent pour prouver la descente et filiation.

J'ay donné un mémoire à un chanoine sindic de Saint-Estienne pour le testament du cardinal de La Porte (2), il m'a promis de le chercher et je le presse tous les jours par les raisons que vous me marqués; mais à vous dire le vray, je n'ay pas bonne opinion du succès, ces messieurs se sont rendus si difficiles à communiquer leurs titres qu'ils en sont ridicules; cependant cela desrobe bien des conessances à l'histoire, car on tient que ce thresor est bon, je vous promets de ne point perire de temps à presser sur cet article.

(1) Rappelons que ces deux tombeaux se trouvaient, avant la Révolution, dans l'église de Saint-Martial de Limoges.

Mentionnons sur la famille de Chanac un intéressant travail de M. Émile Fage, dans le *Bulletin de la Société des lettres, sciences et arts de la Corrèze*, livraison d'octobre à décembre 1882. M. Fage cite les sources où il a puisé, notamment Baluze et les manuscrits de M. Louis-Théodore Juge, déposés à la bibliothèque des archives de la Société.

À la suite du travail de M. Fage, dans le même numéro du *Bulletin* mentionné, se trouve la savante notice de notre vice-président et ami, M. Guibert; sur le *Tombeau du cardinal de Chanac*, notice qui avait déjà paru dans le *Cabinet historique* en 1882.

(2) Raynaud de La Porte (l'abbé Vitrac, *Mémoires mss.*, écrit Renaud), né à Allassac (Corrèze) vers le milieu du xiii° siècle, successivement chanoine de Limoges, archidiacre de Combrailles, chanoine du Puy, évêque de Limoges, 15 novembre 1294, archevêque de Bourges, 1316, enfin cardinal en 1320, mourut à Avignon en 1325. Il faut voir au sujet du *cardinal de La Porte* une ample notice, offrant de l'intérêt, publiée par M. Armand de La Porte, de la Société archéologique et historique du Limousin, dans le *Bulletin* de notre Société, t. XI, 1861, p. 139-191. M. l'abbé Arbellot, dans son *Mémoire sur la cathédrale de Limoges*, publié dans notre *Bulletin*, t. III, 1848, avait déjà très bien montré le zèle déployé par Raynaud de La Porte pour l'avancement des travaux de notre cath´drale, « En 1322, dit M. de La Porte, nous le voyons faire son testament (Duchesne, Nadaud), dans lequel il fonde une vicairie dans la cathédrale de Limoges, à la chapelle de la Vierge, une autre à Allassac, et son anniversaire dans toutes les collégiales, abbayes, prieurés et couvents du diocèse où il était né, et qu'il avait gouverné si longtemps avec amour. »

J'espere mieux reussir pour celuy du cardinal de Chanac (1), dès que je pourray voir mes amis de Saint-Martial.

S'il est vray que Petrus de Priperno, prevost d'Esmoutiers en 1293, ait esté fait cardinal en 1295, il aura succedé à un autre cardinal dans ce benefice qui estoit Petrus de Capella.

A l'esgard de Guillelmus *de Roffiliaco, prevost* d'Esmoutiers, j'ay dans mes extraits qu'il estoit prevost en 1369, et je ne crois pas m'estre trompé ; je remarque dans quelque catalogue que j'ay dressé des chanoines de Saint-Estienne qu'il en estoit chanoine en 1332-1341. Plusieurs de ses predecesseurs estoint prevosts d'Esmoutiers et chanoines de Limoges en mesme temps ; je trouve ce mesme Guillaume de Roffiliaco, official de Limoges et vicaire de l'evesque, dans des hommages rendus à l'evesché, sans date.

Dans ce dernier voyage d'Esmoutiers, j'ay trouvé la carte des anniversaires de cette église et comme on les devoit célébrer pour l'an 1598, j'en ay pris copie parcequ'il m'a paru des anniversaires fort anciens et jusques à l'evesque de Limoges, Turpin d'Aubusson, ce qui peut prouver l'antiquité de cette église. Or, entre ces anniversaires il y a un endroit : ann. dni. Petri de Cella canonici et en un autre : ann. dni Petri de Cella cardinalis ; examinés s'il vous plaist si vous trouverés quelque vestige que cet homme ait esté cardinal, et pour vous approcher de son temps il y a un acte de 1305 où est nommé Robertus de Cella domicellus nepos Petri de Cella canonici.

Puisque vous travaillés sur le cardinal de La Porte, vous devés sans doute sçavoir tout ce qui le concerne ; je ne laisse pourtant pas de vous offrir le catalogue des chanoines qui assis-

(1) Guillaume de Chanac, d'abord moine à Saint-Martial de Limoges, fut abbé de Saint-Florent de Saumur. Voy. sa biographie dans les *Hommes illustres du Limousin*. Il fut fait cardinal en 1371 par le pape Grégoire XI, limousin d'origine.

Nous relevons, dans une lettre de Baluze à du Verdier, datée de *deux* ans avant notre lettre, ce passage : « ... Je receus ces jours passés le testament de Guillaume de Chanac, cardinal, qui m'a esté envoyé de l'abbaye de Saint-Florent de Saumur. »

Le testament du cardinal de Chanac est daté du 29 décembre 1384 (le cardinal mourut le 30). M. Guibert, dans sa notice, en a donné la traduction, en partie du moins. « Ce testament, dit M. Guibert, qui a été du reste publié par Baluze (*Vitæ Pap. Aven.*, II, 952), existe aux archives de la Haute-Vienne, mais en deux fragments : la première partie se trouve dans la liasse n° 2957 de l'ancien classement provisoire, la seconde forme l'article 9237. »

terent à son eslection. Il y a en a vingt-sept dont vingt sont des plus nobles familles de la province, comme Neuville, Barry, Rochechouart, Cornil, La Chapelle, Lastours, Maumont, Noalhe, Chasteauneuf, Béchade, Malemort, Rancon, Pierrebufflère, Ornhac, et à la fin il est dit : « *Raynaldus de Porta archidiaconus Combraliæ Capellanus dni Papæ a prædictis electus episcopus anno 1294 per viam compromissi publicante electionem Gerardo de Malomonte uno ex compromissariis, cum Petro de Castronovo, G. de Ornhaco, P. Maleu, et Uterio de Barrio die lunæ in quendena festi omnium sanctorum atque ut citius perageretur electio datum tantum spatium eligendi, quamdiu duraret una candela accensa. Prædictus Raynaldus erat tantum diaconus.* » Je crois que cette petite remarque vous plaira, elle est tirée des archives de Saint-Estienne par main seure.

J'ay retiré le cayer G. Q. qui manque au 3e tome de l'*Histoire de Saint-Martial*, vous le recevrés par la première occasion favorable.

Je ne sçais rien de Calmefort-sur-Creuse, je m'en informeray.

Il se peut faire qu'Antoine de Tranchelion, abbé de Saint-Genou, fut vicaire general du cardinal de Prie, mais il ne faut pas pour cela confondre les familles de Prie et de Brie. Celle de Prie est très considerable et de grands seigneurs, je ne sçais pas precisement la province de son origine, je la crois du costé de France, si vous voulés connestre cette famille, vous la trouverés à la fin du 2e tome de l'*Histoire généalogique de France de Messieurs de Sainte-Marthe*, de la premiere edition, qui est, si je ne me trompe, de l'an 1628, car je n'ay point ici les livres pour verifier. Mme la mareschale de la Mothe-Houdancourt est la dernière du nom de Prie (1).

Pour la maison de Brie, elle est du Limosin et la terre qui leur a donné le nom est dans le vicomté de Rochechouart (2). Ce sont de simples gentilhommes. Cette terre entra dans la maison de Meillars avec une fille de Brie à la fin du siècle passé; mais elle en est sortie par vente.

Ma lettre est desjà trop longue et vous en serés fatigué, j'ay

(1) Louise de Prie.

(2) Rappelons que la vicomté de Rochechouart formait une enclave poitevine en plein Limousin. V. l'édit. du *Mémoire* de Bernage par M. Leroux, qui avec raison a inséré deux extraits concernant cette enclave d'un *Rapport au Roy*, par Colbert de Croissy, en 1664, et du *Mémoire sur la province de Poitou*, par l'intendant Maupeou d'Ableiges, 1698 (*Bull. du Limousin*, t. XXXII, p. 259-261).

voulu reparer le temps perdu durant ma maladie et vous marquer le respect avec lequel je suis, vostre, etc.

[La signature est cachée].

GÉNÉALOGIE DE CHANAC. — BALUZE, *Armoires*, VOL. 198, FOL. 45.

Chanac. — Guillaume de Chanac, 1181.

Pierre et Guy de Chanac, frères, damoiseaux, 1256.

Aymard et Leonard de Chanac, damoiseaux, 1265.

Dulcia Robert, femme de H. de Chanac, fait testament l'an 1265. Allassac.

Allassa. — Pierre de Chanac, damoiseau, espousa Halais Foucher ; elle fit testament le vendredy apres saint Martin d'hiver, l'an 1280, estant veufve. Ensevelie au couvent d'Allassac.

Guy. — Seguine, espousa Pierre de Neth.

N..., religieuse aux Allois.

Alemende, espousa Helies de Tulle, chevalier.

Pierre de Chanac, chevalier d'Alassac, espousa Dauphine, testa le 27 may 1306. Enterré avec sa mere.

Almodie, espousa Pierre Arnal. Son sceau burelé de s. p. à un lion brochant.

Guillaume, professeur es-loix, archidiacre de Paris, 1318-1321, *obit* 1335.

Guy de Chanac, chevalier, seigneur du bourg aux Chablons et de Chasteaufort, espousa Isabel de Montberon, sœur de Robert de Montberon, chevalier ; il teste 1348, 12 août.

Doulce de Chanac.

Gilbert, moyne.

Bertrand, prevost de Saint-Viance.

Bertrand, prevost de Sainte-Marie.

Guillaume, evesque de Paris.

Aliarde, religieuse.

Bertrand Fouques, evesque de Paris, et Bernard, destinés par le testament du pere à estre moines.

Helie de Chanac, chevalier, espousa Galienne, fille de Gerard de Ventadour, chevalier, seigneur de Donzenac, par contrat de 1338, 14 novembre.

Guy, deuxième aisné, espousa Eustache, fille de Bernard de Comborn, par contrat de 1318, 14 juillet.

Son père Bernard.

Robert, doyen de Beauvais, chanoine de Paris.

Guillaume, moine et chefcier de Saint-Martial.

Fouques, moine de Saint-Martial.

Bernard, chanoine de Paris et de Meaux.

Denise et Dauphine, religieuses à Saint-Pardoux.

Souveraine, religieuse de la Regle ; Comptors, espousa Louys de Seydel, damoiseau, dnus de Millaria en Poitou.

Jolienne de Chanac, espousa Bertrand de Favars, damoiseau, fils de Bertrand de Favars, chevalier, 1348, 3 may; 2° espousa en 1355 Rannulfe-Helie de Pompadour, chevalier.

Blanche.

Guy de Chanac, chevalier, fils d'Helie et de Marie de Chaslus, vivant en 1368.

Felix de Chanac, fils de Guy, 1401-1410, senechal de Limosin.

Monteruc. — N. de Louise de Monteruc, femme de N. Jehan de Roffinhac, chevalier, 12 octobre 1443. Pomp. I.

Chaslus. — Le 20 mars 1368. Testament de N. de Marie de Chaslus-Marchez, fille de N. et p. s. Milhard, seigneur de Chaslus, Marchez, et sa femme, d'Archambaud, vicomte de Combort, Agnès de Mailhac, sa mere; Jehanne de Chaslus, sa sœur; le prieur de Benevent, son oncle, ib.

La Jugie. — Bertrand la Jugie, damoiseau, 1393, 18 octobre, ib.

Magister Gerard Judicis clericus jurisperitus, 1338, 14 novembre, ib.

Bernard Judicis præpositus Capellæ geneste, 1348, 3 mars.

Saint-Martial. — Petrus de S^{to} Martiale, domic. diocesis Tutellens., 1333, 23 Augusti Pompadour.

Idem 1345 ib nob. et pot., 1350-1353.

Idem Nob. vir Guillielmus de S^{to} Martiale domic. dioc. Tutell.

Item nunc habitor Castri de Lexeio dioc. Avenionis ib. 1414..., 4 octobre.

Guido dnus de S^{to} Martiale, Fromentallo de Maravalle....

Die jovis post festum S^{to} Joh^{is} Baptistæ 1308 cum sigillo ib.

Guido de S^{to} Martiale dnus de Maravallo et Fromentello domicell. sabb. ante nativ. domini 1374.... ib.

Albert. — La terre de Bré, vendue à Guillaume-Albert par M^{ro} Luis de Sully, au mois d'aoust 1358, ib.

Albert. — Dominus Petrus Lasteiria decretorum doctor, ut procurator SS^{mi} patris Innocentii Papœ VI emit quosdem seditus in parochia de Lubersaco... die penult martii 1361, ib.

Albert. — Helias Foulcaudi domiscellus vendidit domino Bosoni de Turre Capellan, S^{ti} Petri de Fursaco, ut procuratori domini Stephani, cardinalis Claremont. Septem libras renduales die lunæ post festum S^{ti} Johannis Baptistæ, 1342, ib.

Albert. — Dominus Petrus Bruni miles pro Gaucelino de Petra Bufferia domicello filiastro suo vendidit Guidoni Alberti parochiano de Bussaco et procuratori discreti viri domini Stephani Arberti legum doctoris fratris dicti Guidonis domini 1331, ib.

Pré. — Johes de Biena domicell. filius Petri de Biena militis emit die mercurii post festum S^{ti} Barnabæi, 1347, ib. (Ce peut être celui-là dont parle le pape en sa lettre de 1360 et non pas un fils de Guillaume Albert.)

Darfeuilhe. — Nob. et pot. dominus Elzearius miles dominus Baroniarum de Gramato et de Therminis (Caturcen. dioc.)... vendidit magistro Johanni Fabri clerico de rupe Adulphi Claremont dioc. ut procurati nob. et pot. (*Albert*). — Domini Stephani Alberti domini Montilii degelati rupis Adulphi Claromont. dioc. et de Murato Lemovic. diœc. et Dominæ Mariæ de Caslucio ejus conjugi ea quæ sequuntur in terra de Murato scilicet.....,

prout per nobilem Ademarum de Agrifolio ipsius venditoris predecesso-
rem fuerunt quondam acquisita a domino Arcambaudo vicecomite Com-
bornii anno 1340 die 9. junii et dictus dominus Elzearius de Agrifolio de
iis investivit nob. et pot..... Virum Gilbertum Alberti militem dominum
de Rupeapis filium emancipatum dictorum conjugum die 20 aug. 1407.
(Monceaux).

D'Arfeuille-Malessec. — Hugo de Agrifolio miles, dominus Baro de
Gramato Caturcensi dioc. et Petra de Malessec domicell. Dominus de
Malessec Tutell. dioc. testes. anno 1473, 4 aug. (Turenne) Dominus Ademar
de Agrifolio miles. Dominus de Gramato..... facit homagium vicecomiti
Turenne pro..... Januari 1350, ib.

Johannes de Agrifolio senior domiscell. filius emancipatus nob. Ade-
mari de Agrifolio domini de Gremato..... fecit homagium..... 1366, ib.

Nob. Elzearius de Agrifolio domicell. dominus de Gramato, Caturc. dioc.
filius et hæres universalis nob. et pot. dominus Johannis de Agrifolio.....
facit homagium 1396, ib.

Guido Judicis domicell, ib. 1350.

Dominus Gerard La Garda, domic. facit hom. 1381, ib.

Dominus vir Bertrand de Gardia, miles. Dominus de Dommorio et con-
dinis de Estivalis, dioc. Tutell. facit hom. 1335, ib.

Nob. V. Guillelmus La Garda domic. loci de Sancto Amantio Claromont.
dioc. facit homagium 1415, ib.

N. vir Petrus de Sancti Martiali domiscell dominus de Duiglaco et de
Solenha facit homag., 1415, ib.

N. V. Petrus de Sancto Martiale comicell. dominus de Duiglaco et de
Solenha facit homag., 1415, ib.

VI. — Pradilhon a Baluze (1).

A Tulle, le 26 aoust 1694.

Monsieur du Verdier m'a monstré dans vos lettres les marques
de votre souvenir ; je viens, Monsieur, vous en faire mes remer-
ciemens et vous asseurer que rien dans la vie ne me peut estre
plus agréable que d'avoir quelque part d'un honneur qui est
recherché par tous les honnestes gens du siecle.

Je n'ay gueres travaillé icy faute de besoigne ; j'ay vu seulement plusieurs cedes originales, et dans une j'ay trouvé le traité
de mariage entre Estienne de L'Estang et Louise de Juyé, pere
et mere de M. de Carcassonne ; j'ay prié M. du Verdier de vous
en envoyer copie, et vous verrés la différence des qualités dans
cet acte original et dans celuy qui fust produit pour les preuves
du commandeur des ordres du Roy.

(1) *Armoires*, vol. 208, f° 330.

Je me souviens que dans ces preuves de M. de Carcassonne il y a des lettres du chancelier Duprat, qui traite de neveu Estienne de L'Estang; je ne scais qu'elle peut estre *leur alliance*, mais il m'est venu en pensée que le chancelier pourroit estre issu d'un Estienne Duprat, notaire de Tulle, il y a un peu plus de deus cent ans; voicy mes conjectures : j'ay trouvé une alliance entre les Duprat et L'Estang, l'un et l'autre demande a ses freres sa portion des biens de sa mere qui s'appelle Catherine Soloyte, et dit qu'il est a presant habitant a Aurillac en Auvergne, cela approche du pays d'où estoit le chancelier. J'avoüe que cela est peu de chose, mais qui peut donner lieu a d'autres decouvertes. Je me souviens aussi que M. le baron de Puget vouloit fort trouver l'origine de ce chancelier dans les Duprat, de Toulouse, qui y estoient notaires en 1300.

Le pays de Toulouse me fait ressouvenir de quelque chose qui vous divertira. Peût estre avés vous vu l'histoire des Albigeois composée depuis quelques années par le pere Benoist, jacobin (1). Cet autheur a ajouté depuis peu deux petits volumes (2), dans l'un il a inseré la genealogie de la maison de Fresals qui ne vous est pas incognue. Il dit que Simon de Fresals espousa une fille de la maison de Besse, petite niepce du pape Clement VI, et le prouve par un fort bon acte qu'il a trouvé à Montauban. Ors comme ce Simon de Fresals estoit seigneur de Beaufort dans les Cevennes (ses descendans possedent encore cette terre a presant), ce bon pere a conclu que Gregoire XI, qui portait le nom de Beaufort, estoit fils de Simon de Fresals, seigneur de Beaufort, et de cette Besse. Il fonde son sentiment sur le nom de Beaufort, et sur ce que Gregoire est appellé neveu de Clement VI, comme issu de sa niepce; que dites vous d'une si belle decouverte? dont Messieurs de Turenne ne luy auroint pas obligation si elle estoit bien fondée.

J'ay en main tous les titres de la maison de Sainte-Fortunade. Il me semble que rien n'y est afferant a votre histoire de Tulle, il paroist que cette terre estoit toujours possédée conjointement par les seigneurs du nom de Tulle et de Fouchier; je ne scais point l'origine de ce nom de Tulle, je trouve seulement qu'entre 1520 et 1530 un Pierre d'Artense, damoiseau, fils d'Ebrard d'Artense, chevalier, se dit seigneur de Sainte-Fortunade, comme

---

(1) L'ouvrage du P. Benoit, *Histoire des Albigeois et des Vaudois*, 2 vol. in-12 était encore assez récent à la date de notre lettre. Il avait paru à Paris en 1691.

(2) *Suite de l'Histoire des Albigeois.* — Toulouse, 1693.

donataire de Guillaume de Tulle (la terre d'Artense est dans le Quercy), dont il prend le nom dans la suite. Après l'an 1400, Marie de Tulle, heritiere, espousa le chef des Fouchiers et reunit toute la terre ; a la fin du siecle passé, Bonaventure, seigneur de Lavaur, grand-pere de Mrs de Sainte-Fortunade d'apresant, espousa l'héritiere des Fouchiers. Si cela vous est necessaire, je vous donneray cette suite plus exactement, vous pouvés en disposer comme de toutes mes autres recherches.

Je ne veux pas finir sans vous remercier de tous les honneurs que je reçois de M. votre frere et de M. du Verdier, parceque j'ay l'avantage d'estre de vos amis. Il y a mesme deux grandes et belles niepces qui veulent y prendre part. L'aisnée sur tout me conte avec plaisir mille et mille obligations qu'elle vous a, et les impatiances ou elle est de vous voir. Je m'asseure qu'elle vous en aura de plus essentielles dans quelque temps ; elle les merite asseurement estant aussy bien faite qu'on peut le souhaiter. J'ay l'honneur d'estre, Monsieur, tres parfaitement vostre tres humble et tres obeissant serviteur.

Fr. Jean-Baptiste Pradilhon.

Je partiray dans la semaine prochaine pour aller faire une longue résidence à Bordeaux.

VII. — Pradilhon a Baluze (1).

J. M.   A Bordeaux, le 5 de l'an 1695.

Le renouvellement de l'année m'avertit, Monsieur, que je dois vous rendre mes devoirs et me renouveller dans le souvenir d'une personne que j'honoreray toujours parfaitement.

Je ne puis vous donner autre chose touchant les Duprat, de Tulle, que ce que j'ay desja eu l'honneur de vous mander. Cette idée m'est venue sur les alliances des Duprat et L'Estang, familles assés mediocres a Tulle, et sur ce que le cardinal Duprat escrivoit au pere de M. de Carcassone, et le qualifioit de neveu, au moins s'il en faut crere la production de cet evesque qui est d'ailleurs tres defectueuse comme je vous l'ay mandé.

Je n'ay point l'histoire du P. Benoist, jacobin, touchant les Albigeois. Je l'ay veüe a Toulouse ; les jacobins du fauxbourg

(1) L'adresse manque. — *Armoires*, vol. 208, f° 332.

Saint-Germain qui sont de sa province vous en diront des nouvelles, l'acte portant l'alliance des Besse et des Fresals est dans un petit tome séparé, et ajouté à son histoire des Albigeois.

Je vous envoye ce que j'ay des Fouchers et prouvé par actes. Cette famille est bien plus ancienne comme il paroist par les cartulaires de Tulle, Uzerche..... Ils ont toujours esté conseigneurs avec ceux du nom de Tulle jusques à l'union des deux familles, il peut y en avoir plus que je ne dis, mais ce que je vous donne est certain et prouvé.

Si ce que j'ay du nom de Tulle peut estre utile à votre histoire, je vous l'envoyeray, aussy bien que tout le reste des familles de ce pays-la, dont j'ay quelque connoissance.

J'ay remarqué dans le cartulaire de Tulle un Donarelli qui est appellé bastard d'Aymar, vicomte restaurateur de l'ancienne famille noble des Donnereaux, de Tulle, que je cognois depuis 1260. Les anciens se nommoint tous Donarelli au singulier, et les derniers ont mis leur nom au plurier, en françois, des Donnereaux (1). J'ay l'honeur d'estre, Monsieur, vostre tres humble et tres obeissant serviteur.

F. Jean-Baptiste Pradilhon.

LETTRES DE DU VERDIER.

I. — Duverdier a Baluze (2).

A Tulle, le 20 may 1694.

Vous aves sans doute receu, Monsieur, les 29 ll. 12 s. que vous avies avancé pour Mr le curé de Saint-Julien. Depuis ce temps-là Mr vostre frère m'a dit que Mr le curé de Saint-Pierre vous devoit le prix du coffre ou estoint les livres. Si vous aves la bonté de me faire scavoir à quoy il monte, je le luy demanderay, et ne feray pas compte avec lui du port que cela ne

----

(1) Ce passage servira d'important complément à la note très laconique mise par M. Fage sous le nom de M. des Donnereaux, dans une des lettres par lui publiées, du 10 juin 1694 (*Bulletin de la Société des Lettres, Sciences et Arts de la Corrèze*, livr. janvier-mars 1883, p. 168, note 1), et ainsi conçue : « M. des Donnereaux appartenait à une famille d'origine limousine. »

(2) Baluze, *Armoires*, vol. 208, f⁰ 289.

soit fait, il vous manque aussy ce que vous avez donné pour l'em-
balage, mais je ne peux faire compte de l'un que je ne sache l'autre ; prenez la peyne de me l'escrire.

En lisant vostre livre des papes d'Avignon, j'ay remarqué que
dans la page 855 et 856 des notes, vous dites que Nicolas de la
Jugie mourut sans enfans, cependant, j'ay son testament *du
26 mars* 1374 dans lequel il institue Isabelle son aynée, pour son
héritière, et luy substitue en cas de decès sans enfens Eleonor sa
cadette, et en cas de decès de toutes deux sans enfens substitue
plusieurs de ses nepveux graduelement de l'un à l'autre, à la
charge de porter nom et armes, et l'un des substitués est de
Puydeval (1), comme vous aves remarqué, car en 1402 j'ay un
acte par lequel un Jean de Puydeval s'apelle de La Jugie.

Vous avez aussy obmis, que ce Nicolas avoit deux sœurs, une
mariée à Puydeval, et l'autre abesse de la Règle, il est vray que
vous faites mention de celle de Puydeval ; il y a encore quelques
autres petites réflexions que je n'ay pas encore bien digerées, et
que je vous envoyeray si vous le trouvez bon. Je crois, Monsieur,
que vous ne serez pas fasché que j'ay pris la liberté de vous
escrire cecy.

Je ne repons pas à une lettre que j'ay receu de Mr de Jayac (2)
par ce courier, n'ayant rien à lui escrire de nouveau après ce
j'ay mis dans votre lettre de jeudy dernier.

Je suis surpris que M^r d'Aix n'ayt pas repondu à la manière
honeste dont vous avez parlé de sa famille dans votre livre (3),

(1) Voy. la *Monographie du château de Puydeval*, par **M.** René Fage,
dans le *Bulletin de la Société des Lettres, Sciences et Arts de la Corrèze*,
3e livraison de 1883, juillet-sept. (avec tirage à part).

(2) Il s'agit de Léonard de Jayac, chanoine de Reims, qui fut légataire
de la Bibliothèque d'Antoine Faure, notre savant compatriote, laquelle
fut achetée par la Bibliothèque royale et remise en 1701. (V. L. **Delisle**,
Cabinet des manuscrits, t. I, p. 320 et t. III, p. 369.)

Nous trouvons, en effet, dans une des lettres publiées par **M.** Fage, où
il est très souvent question de **M.** de Jayac, cette mention : J'ay aussy
monstré à **M.** Jayat ce que vous m'escrivez qui le regarde. Il vous en re-
mercie. Il a esté en Limousin pendant le voyage de M^r l'Archevêque de
Reims. Il est de retour depuis lundi dernier. « *Bulletin de la Corrèze*,
1883, p. 570. »

(3) Daniel de Cosnac, nommé à l'archevêché d'Aix en 1687, préconisé
seulement en 1693, et mort en 1708.

Voyez la *Notice* que **M.** le comte Jules de Cosnac a mise en tête de l'é-
dition qu'il a donnée pour *la Société de l'Histoire de France*, 1852, 2 vol.
in-8°, des *Mémoires de Daniel de Cosnac*.

Du Verdier fait allusion aux notes de Baluze dans son ouvrage, publié mais ce n'est pas d'aujourd'huy que vous devez sçavoir que ce n'est pas un homme capable de bonnes réflexions.

Comme le commis de Mʳ Jaucen luy envoye aujourd'huy un gros paquet, je me sers de cette occasion pour vous envoyer une coiffure que j'ay faite faire icy pour presenter à Madame Villault, ou quoy que ce soit à Mesdemoiselles ses filles, ce qui m'embarrasse, c'est qu'il n'y en a qu'une, et comme elles sont deux, il en faudroit une autre, mais outre que je n'ay pas pu en faire faire une autre à faute de fil et d'ouvrière, c'est que je suis bien ayse de sçavoir plutost si elle est à leur gré, affin que si elle ne plait, j'en fasse faire une autre, et si elle ne plait pas, ou qu'elles y trouvent du deffaut, qu'elles me le fassent sçavoir, et en quoy on doit corriger l'ouvrière ; si elles envoyoint de beau fil, je leur fairois faire de plus bel ouvrage. Accomodez s'il vous plait la chose, comme vous jugeres à propos, et si elle est à leur gré, j'en envoyeray bientost une autre (1). Vostre fillot vous baise les mains, car il peu deja vous faire ce compliment, et je suis toujours avec respect, Monsieur, vostre tres humble et tres obeissant serviteur et nepveu.   Duverdier.

Après ma lettre escrite et cachetée, on m'a dit que le prevosté de Favars vaquoit, on dit qu'il est de la collation de l'abbé de Beaulieu (2), c'est à une lieu de Tulle, quoy qu'il ne vaille guère; cependant on prétend qu'il pourroit valoir beaucoup, je vous en donne avis pour servir ce que de raison.

II. — Duverdier a Baluze.

A Tulle, le 3ᵉ juin 1694.

Je vous envoyeray sans faute, Monsieur, par le premier courrier, l'argent que M. le curé de Saint-Pierre vous reste, des que je le retireray entre cy et ce temps là.

à Paris, en 1693, sous ce titre : *Vitæ Paparum Avenionensium*, col. 1069-1072 et 1443, 1448.

(1) Tout ceci se rattache à la dentelle limousine, au point de Tulle, qui eut à la fin du xviiᵉ siècle une si grande vogue, et auquel s'intéressa tant le patriotisme local de Baluze. Voir à ce sujet les intéresants détails donnés par M. Fage dans son introduction précitée, p. 543-545. Voyez aussi la Notice sur le *Point de Tulle*, par le même, *Bulletin de la Société des Lettres, Sciences et Arts de la Corrèze*, 1882, t. IV, p. 117.

(2) Voyez ce que nous en disons à la note 2 de la lettre suivante.

On est après à collationner les titres de Puydeval; j'en ay fait collationer déjà quatre que j'avois copié, par M. le curé d'Orlhac, profitant d'un jour de sejour qu'il fit en ce pays la sepmaine derniere, je luy fis mesme relire deux fois le mot de *Leniveria*, dont Colin de la Jugie estoit seigneur, pour voir si je m'estois trompé, car vous mettes dans vos notes qu'il estoit seigneur de la *Vineria* et il y a trouvé comme moi de *Leniveria*.

Quand ces actes seront parachevés, je vous les envoyeray.

Mon petit Mimi se porte bien, il vous baise les mains.

M. Baluze est à Correze pour secourir M. Plasse (1) qui est fort mal· peut estre ne reviendra-t-il pas d'aujourd'huy.

Je suis toujours et avec respect, Monsieur, vostre tres humble et tres obeissant serviteur et nepveu.

DUVERDIER.

L'avis de Favars est inutile, cela depend de l'abbé de Beaulieu (2), qui est de la maison de Saint-Viance (3), et qui y a

(1) Il s'agit selon toute apparence du chevalier Plasse, dont il est question dans une lettre de Baluze à Duverdier, publiée par M. Fage (*Bull. de la Société des lettres, sciences et arts de la Corrèze*, 1883, p. 187), lettre du 18 mars 1690 : « .... Je crois que M. le chevalier Plasse sera à Rochefort lorsque vous y arriverez, et il vous fera voir toutes choses bien aysément. »

(2) Arrondissement de Brive (Corrèze), « petite ville sur la Dordogne, à l'extrémité du diocèse », dit le *Mémoire* de Bernage, édit. Leroux, *loc. cit.*, p. 184, n° 4. Le mémoire mentionne que Beaulieu possédait, au xviiᵉ siècle, une abbaye de Bénédictins de la congrégation de Saint-Maur. Voy. au sujet de cette abbaye la courte notice de M. l'abbé Roy-Pierrefitte, publiée dans *Bulletin de la Société historique et littéraire du Bas-Limousin*, t. I (seul paru, deux livraisons), 1857, p. 47; et au tome X, p. 67, de notre *Bulletin*, le compte-rendu par M. d'Hugues, du cartulaire de l'abbaye de Beaulieu et la savante préface de la publication de ce cartulaire par M. Maximin Deloche, de l'Institut, dans la *Collection des Documents inédits*, 1859.

(3) Saint-Viance, arrondissement de Brive (Corrèze). « La terre de Saint-Viance, nous dit le *Mémoire* de Bernage (LEROUX, p. 240) appartient [xviiᵉ siècle] au marquis de ce nom, qui s'appelle Philix. Il a servy autrefois avec distinction et se retira à cause d'une blessure qu'il reçut en Catalogne, servant sous M. de Belfond. Sa Majesté l'a gratifié d'une pension de 1,800 livres. »

M. Leroux ajoute en note : « Charles Philix de Saint-Viance n'est pas autrement connu que par ce passage. Son sixième frère, Louis Phelip, mentionné plus loin, fut gouverneur du château de Cognac et mourut en 1726, à l'âge de quatre-vingt-deux-ans. Le commandeur de l'ordre de Malte s'appelait Jean » (*Nobil. de la génér.*).

pourveu ; et mesme M. de Tulle a dejà donné son droit à M. de la
Farge, en cas que le benefice depende de luy.

III. — Duverdier a Baluze (1).

Je vous escrivis dernierement, Monsieur, que M. l'abbé de la
Farge, chanoine de cette eglise, avoit esté pourveu du prevosté
de Favars par M. de Tulle, et que le curé de Favars avoit esté
pourveu par M. de Saint-Viance, abbé de Beaulieu. Je ne sçay
s'ils ont pris possession, mais je m'en informeray.

Je repondray à M. de Jayac par le premier courrier et lui feray
tenir son argent par la premiere voye qui me tombera en main,
si non je prendray une lettre de change pour Paris ; au reste,
vous pourres luy dire par advance qu'il s'est trompé quand il
croit qu'on luy a fait payer toutes les decimes de 1693. Car le
mot de quotité qui est dans la quittance que j'ay donnée ne veut
dire qu'une partie du total, joint qu'il y a dans la quittance
la quotité dont il pouvoit estre tenu, et s'il avoit calculé l'argent
que j'ay receu, il verroit bien qu'il ne se monte que cela pour sa
part.

J'ay deux titres fort anciens, un du samedy *ante ascensionem
Domini anno millesimo ducentesimo nonagesimo nono*, et l'autre
deux ou trois ans après ; un desquels est un hommage rendu à
Rigual, seigneur de Sarran, pour le village de Salvanes, par un
nommé *Guillelmus Judei parrochianus de Serran*, et l'autre un
rachat dudit village fait par un certain Jacques d'Anguoilesme,
comme estant au lieu de *Guillaume Judei*. Je vous escris cecy,
Monsieur, pour vous dire que j'ay conjecturé que ce *Guillelmus
Judei* pourroit bien estre de ces messieurs *de La Jugie*, à cause
de la proximité du lieu de Sarran et d'Eyren, les deux paroisses
estant presque limitrophes, et du nom de *Judeus* à *Judicis* ou de
Judicia, car la difference de les exprimer en latin vient de la ma-
niere dont chacun des notaires le concevoit, et pour expliquer en
bon limosin le mot de Judæus, on dit encore Jusio et Judicia,
Cojugio, ce qui n'est guere different.

Si ces titres pouvoint vous servir, je vous les envoyerois volontiers, mais vous n'y trouverés que cela qui fusse pour vous.

(1) Cette lettre n'est pas datée, mais elle doit être placée immédiatement
après la précédente, car son début a le même objet que la fin de la lettre
du 3 juin 1694.

Si je voulois exprimer en bon et vieux limosin Guillelmus Judei, je dirois Guillaume de Jusio, ce qui se raporte beaucoup au mot de *Jugie*.

Je vous envoye une lettre que Mademoiselle Louise (1) m'a envoyée pour vous.

Vostre fillol se porte bien, graces à Dieu ; il est si plaisant et paroit avoir déjà tant d'esprit que c'est un petit miracle de le voir.

Je ne sçay coment mesdames Villault auront trouvé la coefure ny si elle sera bien conservée, je voudrois pourtant bien sçvaoir coment elles sont contentes de cet ouvrage.

Je suis toujours, avec respect, vostre, etc.

IV. — DUVERDIER A BALUZE (2).

A Tulle, le 5° aoust 1694.

J'ay donné ordre, Monsieur, pour avoir coppie des provisions du pretendant au prevosté de Favars, mais il y a deux jours qu'il a paru une autre personne qui est venue demander un visa sur une provision de Rome, admise, m'a-t-on dit, sur la résignation du dernier titulaire ; j'en auray copie de mesme et vous envoyeray le tout.

Le chanoine de Fraysse se porte bien a present, mais son grand aage et quelques faiblesses qu'il avoit eües, faisoint craindre pour luy.

Nous avons trouvé parmy les papiers que j'ay fait voir au P. Pradilhon le contrat de mariage d'Estienne L'Estang avec Louise Jugé. J'ay cru que vous ne series pas fasché de l'avoir et je le copie pour cela ; il est de l'an 1539 et il paroit par la que ces Messieurs estoint de petite extraction et d'un costé et d'autre, car un Linet apoticaire y traitte pour MM. de Jugé, comme tuteur de Sebastieu de Jugé, et du costé de L'Estang, il prend la qualité d'advocat en parlement de Bourdeaux.

Je viens de recevoir vostre lettre et m'acquiteray avec plaisir de ce que vous m'ordonnés a l'egard du P. Pradillon.

(1) Louise Baluze, nièce de l'historien et belle-sœur de du Verdier, cette intéressante personne à qui était destinée une *émeraude* que Baluze avait fait acheter par l'abbé Boyer (lettre publiée par M. Fage, *op. cit.*, p. 195 du *Bull. de la Corrèze* de 1883).

(2) *Armoires,* vol. 198, f° 49.

Je rendray compte à M. de Jayac de ce que vous m'escrivés touchant le prevosté de Saint-Salvadour, mais je crois qu'on se trompe de dire qu'il vaut 700 livres ; il seroit bon que vous me mandassiés dans quel endroit est situé le benefice de M. de Jayac, de quelle nature il est, et de quel revenu, car peut estre trouveroit-il à permuter plus aysément si on le scavoit, et on luy donneroit de meilleures instructions pour cella.

A propos de permutation, M. de Faussebrune qui a eu la tresorerie de Tulle, en vertu de son indult, veut ou doit vouloir s'en deffaire ; si quelquuun de vostre cognoissance avoit un petit benefice simple à luy donner, je pense qu'on auroit son droit asses facilement, le benefice vaut 7 ou 800 livres et est logé ; j'avois pensé que si M. l'abbé Muguet vouloit se fixer en ce pays il pourroit permuter le benefice que vous luy donates et qui est de peu de valeur, comme vous me dites, avec..... [déchiré]..... Vous y penserés, et M. de Jayac qui connoit ce M. de Faussebrune vous dira qui il est.

Il a vaqué icy depuis peu un petit benefice de 40 escus dont la collation appartenoit a feu M. de Clermont de Castelnau ; on dit que M. de Sessac comme substitué y a nommé, cependant on pretend qu'il n'a pas droit, car on dit que la substitution luy est contestée et que M. de Bonzi y a droit ; je ne scais cella, comme vous voyes, que confusement, il s'appelle le prieuré de Mou Camp, ordre de Saint-Benoit. On vint hier demander un visa à M. de Tulle dans le temps que j'estois avec luy pour ce benefice sur une provision de Rome, et celuy qui le demenda dit qu'il avoit une provision de M. de Sessac aussy, mais qu'on luy avoit conseillé d'en prendre une de Rome. Il vaque par la mort d'un certain M. Dudrot, cy-devant curé de Mercœur, et mort à Guise depuis le mois d'avril à ce qu'on assure, c'estoit son pays natal.

Mon petit Mimy vous présente ses respects.

Je suis toujours avec respect, Monsieur, vostre, etc.

V. — Duverdier a Baluze (1).

A Tulle, le 19e aoust 1694.

J'ay trouvé un acte, Monsieur, parmy les papiers de Puydeval qui est passé entre Denis de Puydeval et Marc Groing, comme

(1) *Armoires*, vol. 198, f° 53.

procureur de Giles de Malesec, seigneur de Chastelus de l'an 1512, au sujet de la Constitution dotale de Blanche de Malesec, mere de Denis, sœur de Giles, et fille de Pierre de Malesec, seigneur de Chastelus, dans lequel la vente de la seigneurie de Malesec est énoncée faite par le dit Giles à Jean de Neufville; ainsi, Monsieur, il y a apparence que nous devinerons où est ce lieu de Malesec dont vous aves esté en peyne, car je m'en informeray à ceux qui ont soin des affaires de M. de Neufville pour scavoir si elle est encore dans les dependences de la terre de Neufville.

Cependant si vous aves quelque habitude du costé de Gueret, vous pouvés scavoir de Messieurs de Chastelus, qui demeurent dans ces quartiers, des nouvelles de cette famille; il y a un comendeur de Chastelus qui est homme de merite, je m'informeray aussy de mon costé de ce que je pourray decouvrir de cela; c'est apparament ce qui a donné lieu à l'erreur de ceux qui font venir ce cardinal de la Marche, parce que la famille de Chastelus, qui est celle de ce cardinal, habite en ce pays-là.

J'ay fait une reflexion sur vostre livre qui a esté du gout du P. Pradilhon; c'est que vostre table est faite sur les noms de baptême (1), ce qui la rend malaysée, au lieu que si vous l'avies faite sur les noms de famille elle seroit tres commode, car tout le monde scait, par exemple, le nom de Malesec, mais peu scavent que ce cardinal s'appeloit *Guy*; ainsi quand il faut chercher ce cardinal, il faut feuilleter toute la table ou scavoir qu'il s'appeloit Guy; je crois que vous agreeres que je vous fasse part de cette petite reflexion.

Mimy vous presente ses respects; il fait tellement la guerre a l'avis de Verdun que vous me donnates pour luy il y a deux ans, qu'il commence a finir.

J'attendois le courrier pour fermer mon paquet, mais il ne vient pas.

Je suis, etc.

(1) Au xviiᵉ siècle, les noms *de baptême* avaient une importance prépondérante pour l'établissement des tables dans l'ordre alphabétique, car nous relevons dans une lettre de La Monnoye que nous publions en ce moment dans le *Bulletin du Bibliophile* (depuis le dépôt de notre manuscrit à l'impression, cette lettre a paru dans le *Bulletin*, livraison de juillet-août 1889, p. 350) : « Dijon, le 12 mars 1695. Vous voulez bien, Monsieur, que je vous demande des nouvelles de votre santé et de ma procuration. *Comme en vertu de mon nom de batéme*, je suis à la lettre B [Bernard], je dois estre des premiers payés..... » (Biblioth. nation., *Nouv. acquisit. franç.*, vol. 562, fᵒ 106).

VI. — DUVERDIER A BALUZE (1).

A Tulle, le 16e septembre 1694.

J'ay pris parmy les papiers de Sainte-Fortunade, Monsieur, un vieux parchemin de l'an 1419 qui contient une assemblée tenue en ce temps là dans la cathedrale de Tulle par diverses personnes de qualité du Limosin pour lever la somme de 24000 ll. sur le Limosin pour chasser les Anglois du chasteau d'Auberoque et d'autres chasteaux qu'ils tenoient en Perigord et dans le voysinage, sur la resolution qu'il en avoit esté prise par les seigneurs de Ventadour, de Comborn, de Peyrusse, de Maumont, de Faucher, etc. J'ay cru que vous ne seriez pas fasché d'avoir une copie de ce titre, et c'est pour cela que je l'ay retenu.

Le prevost de Saint-Salvadour est en province, j'ay prié une personne de s'informer de luy vaguement s'il voudroit permuter avec un benefice qui seroit plus près de luy et de donner un estat de son contract de ferme; il m'en doit rendre compte dez qu'il viendra en ville, je ne luy ay nommé personne, si le benefice estoit à Mr de Jayac, je lui ferois donner un bon fermier, mais on me dit qu'il ne vaut pas 300 ll. à M. le prevot, quand j'en seray mieux eclaircy je vous en dirai davantage. M. le prevost de Pompadin fut installé hier en sa charge de president, on fit valoir dans sa presentation ses alliances dont vous faites mention dans vostre livre.

Mimi vous fait ses petits compliments et je suis toujours avec respect, Monsieur, votre tres humble et tres obeissant serviteur et nepveu.

DUVERDIER.

Adresse : Monsieur, Monsieur Baluze, à l'hostel Colbert, Paris.

VII. — DUVERDIER A BALUZE (2).

A Tulle, le 14 avril 1695.

J'ay donné à M. vostre frere, Monsieur, une partie des titres de Puy-de-Val, pour les mettre dans un paquet qu'il a dessein de

(1) *Armoires*, vol. 208, f° . 293.
(2) *Armoires*, vol. 208, f° 291.

donner à M. Gaye (1), qui part demain pour Paris avec M. l'évêque, vous y trouverez le testament de Nicolas de la Jugie du 26e
mars 1374, le mariage de Jaques de la Jugie, de l'an 1313, le
mariage de Marie de Puydeval avec Raymond de Bouchiac, du
2e aoust 1352, et le mariage d'Eymard de Puydeval, du 12e juillet 1426. J'y en aurois mis davantage, si M. Gaye eust voulu
s'en charger ; je vous prie, dès que vous les aurez copiés, de me
les renvoyer par la première voye assurée qui se trouvera.

Mimy vient de charger M. Gaye de vous faire des compliments,
il alla hier en pleine rue attaquer M. de Tulle, à qui il dit fort
hardiment qu'il le prioit de faire ses besemains à son parrain,
M. de Tulle le fit arrester et prescher au milieu de la rüe, ce
qu'il fit de bonne grâce, il a mille bontez pour luy et le caresse
partout où il le trouve, aussy bien que Mlle Descerteaux, sa
niepce, qui ne manque pas de le faire porter dans sa chambre
quant il va à Sainte-Ursule, cela me fait plaisir de voir qu'il
soit aimé de tous ceux qui le voyent, et je vous le mande parce
que je sçay que cela vous en fera.

Je suis toujours avec respect, Monsieur, vostre tres humble et
tres obeissant serviteur et nepveu.

DUVERDIER.

(1) Au sujet de M. Gaye, nous trouvons dans les notes de M. Fage (*loc.
cit*. p. 194, note 1) cette simple mention : « M. Gaye, compatriote de
Baluze et de du Verdier. »

Limoges, imp. Vᵉ H. Ducourtieux, 7, rue des Arènes.

Original en couleur

NF Z 43-120-8